BEI GRIN MACHT SICH IHR
WISSEN BEZAHLT

AF135732

- Wir veröffentlichen Ihre Hausarbeit,
  Bachelor- und Masterarbeit

- Ihr eigenes eBook und Buch -
  weltweit in allen wichtigen Shops

- Verdienen Sie an jedem Verkauf

Jetzt bei www.GRIN.com hochladen
und kostenlos publizieren

G R I N ☺

Individuelle Trainingspläne. Diagnose, Zielsetzung, Trainingsplanung, Durchführung und Evaluation

Christian Redmer

Bibliografische Information der Deutschen Nationalbibliothek:

Die Deutsche Nationalbibliothek verzeichnet diese Publikation in der Deutschen Nationalbibliografie; detaillierte bibliografische Daten sind im Internet über http://dnb.d-nb.de abrufbar.

ISBN: 9783346353740
Dieses Buch ist auch als E-Book erhältlich.

© GRIN Publishing GmbH
Nymphenburger Straße 86
80636 München

Druck und Bindung: Books on Demand GmbH, Norderstedt Germany
Gedruckt auf säurefreiem Papier aus verantwortungsvollen Quellen

Das Buch bei GRIN: https://www.grin.com/document/990874

Abschlussarbeit

SPORTREHABILITATION

Christian Redmer
ACADEMY OF SPORTS

Inhaltsverzeichnis

1. Einleitung

Die medizinische Rehabilitation hat mittlerweile einen wichtigen Platz im deutschen Gesundheitswesen eingenommen und gilt unter Experten als unverzichtbarer Teil der Versorgungsstruktur. Chronische Leiden wie beispielsweise Rückenschmerzen dominieren das heutige Krankheitsgeschehen. Aufgrund des demografischen Wandels ist auch in der Zukunft davon auszugehen, dass der Rehabilitationsbedarf weiter steigen wird. Um dies zu verhindern, es ist es sinnvoll bereits vorsorglich präventive Maßnahmen einzuleiten. Rehabilitationszentren sind aber auch ein wichtiger Ort, um Patienten nach Unfällen und schweren Verletzungen wieder auf die Beine zu bringen. Arbeitnehmer sollen schnellstmöglich wieder am Arbeitsleben teilnehmen können, Frühverrentungen und Pflegebedürftigkeit sollen vermieden werden. Die medizinische Rehabilitation wird stationär oder ambulant erbracht. Der Begriff Rehabilitation bedeutet nix anders als „wieder fähig machen". Nach schweren Verletzungen, Operationen oder chronischen Schmerz zuständen weist der menschliche Körper durch die Ruhigstellung der Gelenke schnell muskuläre Defizite auf. Das primäre Ziel ist es also, die muskuläre Funktion für den Stütz und Bewegungsapparat wiederaufzubauen. Das medizinische Training kann verschiedene Zielstellungen haben: vollständige Wiederherstellung des ursprünglichen Niveaus der Aktivitäten , Wiedereingliederung in das soziale Umfeld -größtmögliche Wiederherstellung des Ausgangsniveaus und nahezu völlige Wiedereingliederung in das soziale Umfeld-Nutzung verbliebender Funktionen oder Aktivitäten (Kompensation)-Anpassung der Umweltbedingungen an die bestehenden Beeinträchtigungen der Aktivitäten des Betroffenen (Adaptation. Um die muskuläre Funktion wieder herzustellen muss die bewegende Funktion, die stabilisierende Funktion und die modulierende Funktion trainiert werden. Die bewegende Funktion wird durch die selektive Ansteuerung von z.B. inhibierten Muskeln trainiert und hat das Ziel, ausreichend hohe und physiologische Rotations-Momente am Gelenk erzeugen zu können. Beuger und Strecker wirken bei dieser Form des Trainings antagonistisch. Die stabilisierende Funktion wird durch das gleichzeitige Beanspruchen mehrerer an der Gelenkstabilisation beteiligter Muskelgruppen trainiert. Ziel ist es, komplexe Bewegungsabläufe unter stabilen muskulären Bedingungen durchführen zu können. Die modulierende Funktion ist die Voraussetzung, um bei nicht vorhersehbaren äußeren Einflüssen, die eine Gleichgewichtsstörung provozieren, angemessen und schnell reagieren zu können. Durch die Schulung der Tiefensensibilität als schnelle reaktive Bereitstellung angemessener Muskelaktivitäten wird die modulierende Funktion trainiert.

1.1 Die Erstellung eines individuellen Trainingsplans

Die Basis für den individuellen Trainingsplan ist die Eingangsanalyse. Anhand der Eingangsanalyse, der ärztlichen Empfehlung und den mit dem Patienten erarbeiteten Zielen erfolgt dann die Erstellung des Trainingsplanes. Wünsche und Erwartungen des Patienten sollten ebenso wie die individuellen Voraussetzungen berücksichtigt werden. Das übergeordnete Therapieziel sollte in einzelne Zwischenziele in Abhängigkeit von der Dauer der Gesamttherapie untergliedert werden, um spezielle Trainingszyklen in der Planung zu formulieren." Ein individueller Trainingsplan sollte ausführlich auf Papier gebracht werden und für den Patienten verständlich sein. Trainingsgewicht, Trainingsintensität, Wiederholungszahl und die Geräteeinstellung müssen unbedingt notiert werden. Wichtig ist es auch, dem Patienten verständlich zu machen, welche Muskelgruppen mit welchem Gerät trainiert werden. Der Therapeut sollte gemeinsam mit dem Patienten darauf achten, dass wirklich nur diejenigen Muskeln arbeiten, die trainiert werden sollen. Auch auf die richtige Atmung sollte der Patient hingewiesen werden: Ausatmen bei der Anstrengung, Einatmen bei der Entlastung. Die Einhaltung von Pausen (Regenerationstagen) ist ebenfalls ein wichtiger Faktor für ein erfolgreiches Training. Um eine optimale Muskelentwicklung zu gewährleisten, ist es wichtig, im Training immer wieder neue Reize zu setzen. Sollte der Patient während dem Trainingsprogramm Schmerzen verspüren sich der Zustand durch das Training insgesamt verschlechtern, ist es ratsam die Belastung zu reduzieren. Der Trainingsplan sollte so aufgebaut sein, dass ein Programm vorgegeben wird, das mit Beginn der Rehabilitation bis zur Wiedereingliederung in ein „normales" Trainingsprogramm reicht. Nach dem Ende der Rehabilitation sollte der Patient das vorgegebene Training entweder in einem normalen Fitnessstudio oder weiterhin in einem ambulanten Rehabilitationszentrum (weitere Trainingsmöglichkeiten in einem Rehabilitation Zentrum fortführen.)

In der vorliegenden Arbeit werde ich mich im Rahmen der Erlangung der Lizenz Fachtrainer für Sportrehabilitation mit der Erstellung zwei individuelle Trainingspläne für den Zeitraum von 3 Monaten beschäftigen. Als Grundlage zur Erstellung des Trainingsplanes dient das 5 - Stufen - Modell der Trainingssteuerung. Dieses Modell besteht aus den Punkten Diagnose, Zielsetzung, Trainingsplanung, Durchführung und Analyse/Evaluation. Die einzelnen Stufen werde ich gleichzeitig als Gliederungspunkte meiner Arbeit verwenden. Dabei werden sämtliche Teste, Ergebnisse und Übungen dokumentiert und ausgewertet. Dafür habe ich als zwei fiktiven Probanden gewählt die ich im nächsten Kapitel naher beschreiben und vorstellen werde: Eine 22-jährige, weibliche Kundin mit vorderer Kreuzbandruptur (links) und eine 66-jährige männliche Kunde mit diagnostizierte Coxarthrose.

2. Fallbeispiel 1: Vorderer Kreuzbandruptur links, vor 8 Wochen Kreuzbandplastik

2.1 Krankheitsbild „vordere Kreuzbandruptur (mit Plastik-OP)

Bei einem Kreuzbandriss handelt es sich um eine der häufigsten Knieverletzungen. Die Medizin spricht davon, wenn es zu einem teilweisen oder vollständigen Riss des vorderen oder seltener des hinteren Kreuzbandes im Kniegelenk gekommen ist. Bleibt ein Kreuzbandriss unbehandelt, kann es langfristig zu (vorzeitigen) verschleißbedingten Schäden im Knie kommen, beispielsweise zu einer Kniearthrose, die im Laufe der Zeit ggf. die Implantation einer Knieprothese notwendig machen kann. Aufgabe der beiden Kreuzbänder ist es, den Oberschenkelknochen und das Schienbein im Inneren des Kniegelenks miteinander zu verbinden und auf diese Weise Stabilität und Bewegung zu gewährleisten. Wenn eines oder beide Kreuzbänder reißen, wird das Knie instabil und der Gang des Betroffenen unsicher, weil sich die Knochenenden vom Schienbein und dem Oberschenkelknochen im Kniegelenk gegeneinander verschieben können. Die Medizin unterscheidet zwischen einem vorderen und einem hinteren Kreuzbandriss, abhängig davon, welches Kreuzband von der Ruptur betroffen ist. Ein Riss des hinteren Kreuzbandes kommt dabei deutlich seltener vor als ein vorderer Kreuzbandriss. Epidemiologische Studien haben gezeigt, dass Kreuzbandrupturen im Mannschaftssport bei weiblichen Sportlern etwa 2,4 bis 9,5-mal häufiger vorkommen als bei Männern. Ungefähr 70 % der Verletzungen entstehen ohne direkte Beteiligung eines Mitspielers (sogenannte Nicht-Kontakt-Situationen), und verschiedene Studien haben gezeigt, dass Kreuzbandrisse im Ballsport am häufigsten bei der Landung nach einem Sprung und während schneller Richtungswechsel entstehen. Videoanalysen ergaben, dass sich das Kniegelenk zur Zeit der Verletzung am häufigsten in leichter Beugung, in Valgus- und Außenrotationsstellung befindet. In dieser Knieposition ist die Spannung im vorderen Kreuzband am höchsten, und die muskulären Agonisten des vorderen Kreuzbandes, die ischiocruralen Muskeln, haben einen ungünstigen Hebelarm, um das Tibia Plateau zu sichern. Eine plötzliche Anspannung dieses Muskels kann bei diesen Kraftverhältnissen der Hebelarme zur Ruptur des vorderen Kreuzbandes führen. Es gibt einerseits Hinweise, dass Unterschiede in der Koordination von Bewegungen und der neuromuskulären Kontrolle die unterschiedliche Inzidenz von Kreuzbandverletzungen bei Männern und Frauen erklären können. Frauen landen nach einem Sprung auf-rechter mit einem nur wenig gebeugten Kniegelenk. In dieser Position ist das vordere Kreuzband nur schlecht durch die ischiocrurale Muskulatur geschützt. Zusätzlich sind Frauen häufig Quadrizeps dominant. Die Ruptur des vorderen Kreuzbandes ist eine ernste Kniegelenksverletzung. Aufgrund der Instabilität kommt es bei Patienten häufig zu Meniskus- und Knorpelschäden und sekundär zu degenerativen Veränderungen des Kniegelenkes. Aus diesem Grunde sollte ein insuffizientes vorderes Kreuzband beim aktiven Patienten durch ein autologes Sehnentransplantat ersetzt werden. Kreuzbandersatzplastiken erfordern jedoch lange Rehabilitationsphasen, die mit einem langen Trainingsausfall verbunden sind. Der durchschnittliche Aktivitätsgrad der Patientenkann durch eine

Kreuzbandersatzplastik zwar signifikant Einleitung gesteigert werden, dennoch bedeutet eine Kreuzband Verletzung für den betroffenen Sportler immer wieder das Ende einer Wettkampfkarriere bedeuten. Für ein Wettkampfteam kann der Ausfall von einem oder mehreren Spielern Ranglistenplätze, häufig sogar auch den Klassenerhalt kosten. Daher muss die Verhinderung von Kreuzbandverletzungen oberstes Ziel von Trainern, Physiotherapeuten und Sportärzten sein. Verschiedene Studien haben gezeigt, dass die Inzidenz von Kreuzbandrupturen bei weiblichen Athleten im Ballsport deutlich höher ist als bei Männern. Am häufigsten kommen Kreuzbandrupturen in Sportarten mit Sprüngen und plötzlichen Drehbewegungen vor. Sportarten mit einer hohen Inzidenz sind Ballsportarten wie Handball, Basketball Fußball und Hockey. Ungefähr 70 % der Verletzungen entstehen jedoch ohne direkte Beteiligung eines Mitspielers in so genannten Nicht-Kontakt-Situationen. Es gibt eine Vielzahl anatomischer Unterschiede an der unteren Extremität zwischen Männern und Frauen, die die geschlechtsspezifische Inzidenz an Kreuzbandrupturen er-klären könnten. Bei Frauen ist die femorale Anteversion höher als bei Männern, und die Muskulatur ist schwächer entwickelt.

2.2 Diagnose beim Kreuzbandriss

Im Moment des Unfalls, also in dem Moment, in dem es zu dem Kreuzbandriss kommt, verspürt der Betroffene heftige Schmerzen sowie ein Zerreiß- oder Verschiebegefühl im Knie, das als Knacken zu hören ist. Unmittelbar nach dem vorderen Kreuzbandriss spürt der Betroffene meist starke Belastungsschmerzen im Gelenk. Rasch bildet sich ein Bluterguss: Es entsteht ein Spannungsgefühl und Belastungsschmerz. Zudem können auch eine Schwellung des Knies und ein Kniegelenkserguss (Gelenkerguss) auftreten. Diese akuten Beschwerden bei einem vorderen Kreuzbandriss klingen meist innerhalb von 10 bis 14 Tagen ab und das Gelenk lässt sich zunächst wieder normal belasten. Häufig verspürt der Betroffene im weiteren Verlauf ein Unsicherheits- und Instabilitätsgefühl im Kniegelenk und die Belastbarkeit des Gelenkes lässt auch im Alltag zunehmend nach. Charakteristisch sind:

- Unsicherheiten beim Gehen
- ein spontanes Wegknicken im Kniegelenk;
- belastungsabhängige Schmerzen und eine Streck- und Beugehemmung des Kniegelenks

Ein vorderer Kreuzbandriss wird im Allgemeinen durch die Erhebung der Krankengeschichte (Anamnese) und eine klinische Untersuchung des Kniegelenks diagnostiziert. Im Rahmen der Anamnese stellt der behandelnde Arzt dem betroffenen Patienten die folgenden Fragen:

- Handelt es sich tatsächlich beim jetzigen Knietrauma um einen Erstunfall oder ging dem Unfall schon ein Erstunfall voraus?
- War das Knie schon nach früheren Verdreh Traumen angeschwollen, hatte es mal gekracht, musste der Patient eine sportliche Betätigung wegen einer akuten Verletzung des gleichen Kniegelenkes abbrechen?
- Wurde da eine Punktion mit Abziehen von Blut vorgenommen?
- Erhielt der Verletzte einen Gips oder eine Bandage?
- War das Knie später nicht mehr so stabil wie das gesunde Knie?
- Kam es im weiteren Verlauf wiederholt zu Anschwellen bei geringem Verdrehen?

Der Arzt wird das verletzte Knie des Patienten dabei gründlich inspizieren und befühlen (Palpation). Frische Hautveränderungen lassen auf die Art und Intensität der Verletzung schließen. Spätestens das Feststellen von Verletzungs- und Operationsnarben sollten den Untersucher nach deren Anamnese fahnden lassen. Die Fehlstellung von Beinachsen ist von großer prognostischer Bedeutung. So führen Varusfehlstellungen in Kombination mit posterolateralen Kapselbandverletzungen zu Instabilitäten mit erheblichem Handikap für den Patienten. Aktive und passive Bewegungstest runden die körperliche

Untersuchung ab. Die Schmerzpunkte um das Kniegelenk und die Funktion der Bänder werden dabei durch die Tastuntersuchung und bestimmte Bewegungsmuster geprüft. Ergänzend kommen meist bildgebende Verfahren zum Einsatz, wie Röntgenuntersuchungen und Magnetresonanztomographie (MRT). Einschränkungen gibt es dabei für Patienten mit früheren Kniegelenksoperationen mit Metallteilen. Eine weitere Untersuchung aus dem Bereich der Radiologie die Szintigraphie, hat in den letzten Jahren für die Erfassung von „aktiven" Knorpel/Knochen-Läsionen beim Kniegelenk an Bedeutung gewonnen. So deuten „Hot Spots" auf aktive chondoromalazische Herde mit Zelluntergang hin. Chrondromalazie bedeutet Knorpelschaden der Gelenke. Instabile Kniegelenke mit Hot spots sollten möglichst stabilisiert werden, um das Fortschreiten dieser Knorpelprozesse zu bremsen.

2.3 Behandlung des Kreuzbandrisses

Ein Kreuzbandriss kann grundsätzlich sowohl konservativ als auch operativ behandelt werden. Konservative Therapieverfahren beinhalten unter anderem die Physiotherapie zur Stabilisierung des Kniegelenks und zum Muskelaufbau sowie die Schmerztherapie und die Kältetherapie. Weil der vordere Kreuzbandriss vor allem junge und sportliche Menschen betrifft, haben die Patienten sehr häufig den Wunsch, weiterhin sportlich aktiv zu sein. Prinzipiell ist das bei einer guten Muskelführung des Kniegelenkes auch ohne ein funktionstüchtiges vorderes Kreuzband denkbar. Doch sollte man sich nicht täuschen lassen: Aufgrund möglicher Folgeschäden kann fünf Jahre nach einem Kreuzbandriss tatsächlich nur noch etwa jeder zweite Betroffene seinen Sport uneingeschränkt betreiben. Außerdem ist es einfach lebensfern, dass Patienten mit vorderem Kreuzbandriss langfristig und zum Teil über Jahrzehnte hinweg intensiven Muskelaufbau betreiben würden. Somit bestehen eigentlich keine Zweifel daran, dass das vordere Kreuzband nach einem Kreuzbandriss operativ im Rahmen einer Kreuzband-OP stabilisiert werden sollte. Das betrifft übrigens nicht mehr nur die jungen Erwachsenen, sondern auch Kinder und ältere Menschen. Bei der operativen Behandlung wird das gerissene Kreuzband im Rahmen einer sogenannten Kreuzbandplastik durch eine intakte körpereigene Sehne ersetzt.

2.4 Operative Behandlung beim Kreuzbandriss

Die modernen arthroskopischen Techniken haben die ältere Technik, bei der das gesamte Gelenk eröffnet werden muss, vollständig verdrängt. Auch Techniken, bei denen das zerrissene Kreuzband wieder zusammengenäht wurde, sind heute überholt. Stattdessen wird das verletzte Kreuzband durch eine körpereigene Sehne ersetz die man als Kreuzbandplastik bezeichnet. Die Schwere der Knieverletzung wird auch in der Nachbehandlung nach einem Kreuzbandriss deutlich. Dabei gilt die Rehabilitation als wichtigste Maßnahme, um den Erfolg der Operation dauerhaft zu sichern. Die

Nachbehandlung nach einer Operation beim Kreuzbandriss muss frühfunktionell erfolgen, Ziel ist eine möglichst rasche und vollständige Streckung des Kniegelenkes und eine Beugefähigkeit von bis zu 120°. Die Arbeitsfähigkeit ist zumindest bei einer Bürotätigkeit nach 14 Tagen wiederhergestellt. Die sachgerechte und zeitintensive Rehabilitation dauert wesentlich länger – sie kann durchaus erst nach acht bis zehn Wochen oder sogar noch später abgeschlossen sein. Und fast immer muss sich daran noch ein weiteres individuelles Aufbautraining anschließen. So ist meist erst nach drei Monaten ein leichtes Lauftraining möglich, und die Wiederaufnahme kniebelastender Sportarten ist frühestens nach einem halben Jahr empfehlenswert. Die Langzeitprognose einer richtig durchgeführten Kreuzbandersatzoperation ist insgesamt gut: Die Stabilität des Gelenkes ist über Jahre gesichert. Allerdings muss der Betroffene auch wissen, dass die Entstehung einer Arthrose im verletzten Gelenk nicht immer verhindert werden kann. Ihre Entwicklung ist trotz einer gelungenen Operation entscheidend von den vorhandenen Vorschäden oder den begleitenden Meniskusverletzungen abhängig. Aber: Nur ein stabilisiertes Gelenk hat eine Chance, davor wirklich geschützt zu sein.

2.5 Anamnese

In der Allgemeinanamnese werden die allgemeinen persönlichen Daten des Kunden aufgenommen. Dies sind der Name und die Kontaktdaten, darüber hinaus aber z. B. auch das Alter und das Geschlecht. Der Anamnesebogen Sport Reha ist dem, des allgemeinen Fragebogens des Fitnesstrainings ähnlich, jedoch muss der Trainer über bisher durchgeführte Maßnahmen informiert sein. Im besten Fall bringt der Kunde einen Abschlussbefund vom Physiotherapeuten mit. Mit diesen Voraussetzungen kann der Trainer ein optimales Training gestalten. Hier wird auch deutlich welche Ziele der Kunde hat.

Für den weiteren Verlauf dieser Arbeit beziehen sich alle personenbezogenen Daten auf die folgende Person: Nikita M. Alter 22, Hockeyspielerin. Die Kundin ist 22 Jahre und weiblich. Beruflich übt sie eine sitzende Bürotätigkeit aus und in ihrer Freizeit spielt sie Hockey. Bei einem Hockeyspiel vor 8 Wochen ist ihr das vordere Kreuzband im linken Knie gerissen. Die anschließende Behandlung erfolgte mit einer Kreuzbandplastik-OP und danach bei der Physiotherapie. Diese Physiotherapie ist ausgelaufen und sie möchte weiter Sport machen, um ihr Knie weiter zu stabilisieren und die Genesung fördern.

2.6 Anamnese/Gesundheitsanamnese und Diagnose

Die Gesundheitsanamnese gibt zusätzliche wichtige Informationen über eventuelle Beschwerden, Medikamenteneinnahmen, Therapieempfehlungen usw. und ist damit der wichtigste Teil des Eingangsgesprächs. Nikita ist 168cm groß und wiegt 60kg. Nichtraucherin, Vorerkrankungen wie Asthma, Schilddrüsenerkrankungen oder Diabetes Mellitus Typ2 wurden verneint. Abgesehen von dem Riss im vorderen Kreuzband der operativ behandelt wurde, hat die Kundin keine Beschwerden. Bis ca. eine Woche nach der OP erfolgte die orale Einnahme von Ibuprofen 600 (Schmerzmittel) 2-3x täglich, danach keine mehr. Durch eine unphysiologische Bewegung bei einem Hockeyspiel, kam der Riss im vorderen Kreuzband zustande. Weitere Bänder oder Sehnen wurden sind nicht betroffen. Ziel ist es, das Knie zu stabilisieren und damit Genesung zu unterstützen. Ein Instabilitätsgefühl oder Streckdefizit wurde verneint. Die Ganganalyse ergibt ein beschwerdefreies Gangbild. Somit sind für das beginnende Training keine Kontraindikationen vorhanden. Erfahrungen mit einem Fitnesstraining, bis auf die Physiotherapie und dem Hockey spielen hat Nikita nicht. Dies würde sie gerne ändern, da sie in ihrem Vollzeitberuf eine überwiegend sitzende Tätigkeit ausführt.

2.7 Berufsanamnese

Die Berufsanamnese gibt Auskunft über sitzende und stehende Tätigkeiten und damit typischen Bewegungen oder körperlichen Belastung, Stressfaktoren und Arbeitszeiten. Nikita übt eine Teilzeitstelle an 5 Tagen die Woche als Bürofachkraft aus und sitzt daher überwiegend. Stress hat sie zurzeit nicht.

2.8 Sportanamnese

Die Sportanamnese gibt Auskunft über die Sportart, die der Kunde eventuell betreibt, die Trainingsbelastung, Trainingsumfang, Trainingsziel und Wettkampfziel. Wie in der Anamnese/Diagnose konnten wir bereits entnehmen, dass Nikita nebenbei Hockey spielt. Dies tut sie 2-3x die Woche.

2.9 Haltung

Der Haltungszustand im Allgemeinen zeigte keine Besonderheiten: Die Füße stehen parallel und schulterbreit auf dem Boden, X-und O-Beine sind nicht zu erkennen. Das Becken ist gerade und auch die Knie sind auf einer Höhe. Nikita zeigt allerdings eine Schonhaltung auf, da sie ihr Gewicht mehr auf das linke Knie verlagert und das geschädigte rechte Knie so entlastet. Aus Erfahrungen (Persönliche und aus dem Fitnessstudio in dem ich arbeite) würde ich dies auf psychische Gründe zurückführen, da nach so einem Unfall im Hinterkopf immer eine gewisse Unsicherheit bei Belastung bestehen bleibt.

2.10 Tests

Bei Reha-Kunden sollte natürlich bedacht werden, dass diese nicht maximal belastbar sind und der Trainer sensibel einschätzen sollte, welche Tests und Intensitäten ihre Anwendung finden. Im Zweifel gilt: lieber von der Durchführung absehen, wenn man sich nicht sicher ist, dass es dem Kunden eher schadet als nützt.

2.10.1 Ausdauertest/PWC Test

Unter der Physical Working Capacity (PWC) versteht man die in Watt angegebene mechanische Leistung eines Menschen bei einer definierten Herzfrequenz. Sie macht Aussagen über das Dauerleistungsvermögen der jeweiligen Person. Für ein rehabilitatives Training ist die Verbesserung der Ausdauer ein nicht zu vernachlässigender Aspekt: Während die lokale Kraftausdauer als Grundlage des Muskeltrainings zu trainieren ist, ist die allgemeine Ausdauer ebenso wichtig, da sie die Basis für alle alltäglichen Belastungen einerseits und für die Anforderungen in der Therapie bzw. im Training andrerseits darstellt. Zudem hat Ausdauertraining neben der physischen Komponente auch eine psychische, da u. a. die Stressresistenz erhöht wird. Schließlich können die Auswirkungen von Erkrankungen, die durch Bewegungsmangel entstehen, verhindert werden. Um den IST-Zustand der Kundin zu überprüfen, werde ich mit Ihr einen PWC-Test durchführen. Auch dieses Testergebnis kann zum einen regelmäßig überprüft und Fortschritte besser festgestellt werden, zum anderen kann man auch hier das Ergebnis bzw. das Verbessern des Ergebnisses zur Verlaufsmotivation nutzen.

Für den PCW-Test wird die Kundin auf dem Fahrradergometer gesetzt und dieses wird so eingestellt, dass das Bein in der ,ausgestreckten Position' eben nicht ganz durchgestreckt ist; der Lenker wird so eingestellt, dass sie mit einem 45 Grad vorgebeugtem Oberkörper auf dem Ergometer sitzt. In der Praxis haben sich verschiedene Zielpulse bewährt. Im Alter zwischen 31 und 50 Jahren, der altersspanne der hiesigen Kundin liegt der Zielpuls bei 150 Schläge pro Minute. Zu Beginn des Tests des Tests wird der Ruhepuls der Kundin notiert, welcher bei 65 Schläge/Minute liegt. Die Kundin beginnt nun mit einer Leistung von 25 Watt und bei einem gleichmäßigen Trittfrequenz zu fahren. Alle zwei Minuten wird wie Wattzahl um 25 gesteigert bis die vorher festgelegt Herzfrequenz erreicht ist. Bei jeder Steigerung wird der Puls der Kundin kontrolliert und notiert. Wichtig ist, dass nach Erreichen des Zielpulses nicht sofort mit der Belastung aufgehört wird sondern, dass das Ergometer auf die geringste Belastungsstufe gestellt wird und die Belastung langsam heruntergefahren wird. Hierbei sollte noch einmal der Erholungspuls gemessen werden und zwar nach einer, nach drei und nach fünf Minuten. Im vorliegenden Fall haben die Kunden den Puls von 150 Schläge/Minute bei 125 Watt erreicht. Um diese Leistung nun zu bewerten ist die erreichte Wattleistung durch das Körpergewicht zu teilen. 125(Watt)/60(Kilo) =2,08

Diese Leistung ist wie folgt einzuordnen:

TEST		-	0	+	++	+++
PWC 150	M	1,5	2	2,5	3	3,5
.	W	1,2	1,6	2	2,4	2,9

Nikita befindet sich mit Ihrem Wert von 2,8 im guten Bereich, der aber durchaus noch ausbaufähig.

2.10.2 Motorische Tests

Um einen Trainingsplan erstellen zu können ist es unumgänglich, den IST - Zustand der Beweglichkeit und Kraft festzustellen. Dafür wird sich Birgit einigen Beweglichkeit – und Krafttests unterziehen. Für einen späteren Re- Test ist außerdem die Dokumentation von Tageszeit, Tagesform, Stresslevel usw. unerlässlich ist.

2.10.3 Flexibilitätstest/Muskelfunktionstest

Um ein muskuläres Gleichgewicht Herzustellen bzw. zu erhalten und so Verletzungen Vorzubeugen ist es wichtig das Muskeln nicht nur kräftig, sondern auch beweglich sind. Folgende Muskeln werde ich daher einem Flexibilitätstest unterziehen.

Wir verwenden bei uns manuelle Beweglichkeitstests modifiziert nach Janda.

Wir testen folgende Muskelgruppen:

Brustmuskulatur (M. pectoralis major)   Ergebnis: +

Hüftbeuger (M. iliopsoas)   Ergebnis 0

Oberschenkelmuskulatur (M. rectus femoris)   Ergebnis: +

 Rückwärtige beinmuskulatur (Mm. Ischiocrurales)   Ergebnis: 0

Wadenmuskulatur (Mm. triceps surae)   Ergebnis: 0

Nach Beendigung der Test konnte keine Beeinträchtigung in der Flexibilität festgestellt werden, leichte Defizite sollten durch das Training verbessert werden.

2.10.4 Krafttest

Durch verschiedene Krafttests werden wichtige Werte für die Planung des bevorstehenden Krafttrainings ermittelt. Diese Werte sind wichtig für die Planung und Durchführung des Krafttrainings.

Wir führen hier einen „funktionalen" Test nur mit dem Körper (Gewicht) durch

Zur Stabilisierung des Kniegelenks tragen vor allem die Oberschenkelmuskeln bei, so dass ich diese aufgrund der erlittenen Verletzung der Kundin einen Krafttest unterziehen werde. Da aber auch noch weiter Muskeln auf das Knie wirken werden auch die verschiedenen Anteile der Gesäßmuskulatur jeweils einem Test unterzogen.

Muskeln	Prüfungsverfahren	Ergebnis
M. Glutaeus maximus	Kundin liegt in Bauchlage, das zu untersuchende Bein ist im Kniegelenk 90 Grad gebeugt. Prüfer fixiert das Becken mit der Hand. Die Kundin soll nun das angewinkelte Bein aus der Hüfte heraus anheben. Prüfer gibt gegebenenfalls Wiederstand auf der Oberschenkelrückseite.	Links: 4 Rechts: 4
M Glutaus Medius und Minimus	Kundin liegt in Seitenlage, das obere Bein ist im Kniegelenk gestreckt, das untere leicht gebeugt Das obere Bein ist in der Hüfte leicht nach hinten gestreckt. Prüfer fixiert das Becken mit der ganzen Hand. Die Kundin soll nun das Obere Bein nach hinten abspreizen, Prüfer gibt ggfls. Wiederstand auf der Oberschenkelrückseite	Links: 4 Rechts: 4
M. quadriceps	Kundin liegt auf dem Rücken, der Unterschenkel des zu testenden Beins hängt frei über der Bank, das Knie ist 90 Grad gebeugt. Oberhalb des Knies ist der Oberschenke fixiert und oberhalb des Fußknöchels wird gegen die Bewegungsrichtung Widerstand gegeben. Die Kund soll das Bein strecken.	Links: 4 Rechts: 4
Ischiocrurale Muskulatur	Kundin liegt auf dem Bauch und hat hierunter ein Kissen, ihre Beine sind gestreckt. Die Füße ragen über die Bank hinaus, das Becken wird mit der ganzen Hank und dem Unterarm vom Prüfer fixiert. Die Kundin soll nun das Kniegelenk des zu untersuchenden Beins beugen. Der Prüfer gibt Wiederstand am Unterschenkel.	Links: 4 Rechts: 4

2.11 Behandlung und Trainingsgrundlagen

Je nach den persönlichen Voraussetzungen und dem Umfang der Knieverletzungen werden für jede Phase der Reha Ziele festgelegt, die erreicht werden sollen, bevor man mit der nächsten Phase beginnt. Wie lange eine Reha-Phase dauert, ist aber individuell. Zudem können sich die Phasen auch überschneiden. Grob lässt sich die Rehabilitation in drei Phasen einteilen:

Erste Phase (etwa zwei Monate)

In der ersten Reha-Phase geht es vor allem darum, die Schwellungen und Entzündungen im Gelenk abzubauen, das Bein wieder vollständig strecken und gut beugen zu können, die Oberschenkelmuskulatur zu steuern und wieder normal gehen zu können. In den Tagen nach der Operation wird das Knie geschont, gekühlt und hochgelegt. Schwellungen werden mit einer physiotherapeutischen Lymphdrainage behandelt, Schmerzen mit entzündungshemmenden Medikamenten. Bereits in der ersten Woche wird mit leichten Übungen zum Strecken und Beugen des Beins begonnen. Dazu wird manchmal auch eine elektrische Schiene eingesetzt, in die das Bein eingespannt und durch einen Motor passiv bewegt wird. Wichtige Etappenziele sind:

- Das Bein soll nach 1 bis 2 Wochen möglichst vollständig durchgestreckt werden können.
- Die Kniescheibe soll beweglich gehalten werden, um Verklebungen zu verhindern, die sonst später zu Beschwerden führen können.

Wenn es schmerzfrei möglich ist, können die Oberschenkelmuskeln in der ersten Woche nach der Operation bereits durch sogenannte isometrische Übungen aktiviert werden. Dabei wird die Muskulatur angespannt, ohne das Kniegelenk zu bewegen – zum Beispiel, indem man das gestreckte Bein im Liegen wiederholt anhebt und senkt. Manchmal werden zudem Elektrostimulationsgeräte eingesetzt, um die Muskulatur anzuregen. Es ist aber nicht nachgewiesen, dass diese Geräte die Reha Dauer verkürzen können. Vor allem in den ersten 2 bis 4 Wochen sollte das Knie noch durch Gehhilfen entlastet werden. Manchmal wird eine Knieschiene empfohlen, die es erlaubt, das Bein zu strecken, aber nicht ganz zu beugen. Studien zeigen allerdings keine Unterschiede in den Behandlungsergebnissen von Menschen mit und ohne Knieschiene. Manche Menschen fühlen sich mit einer Schiene sicherer, andere empfinden sie eher als lästig. Nach und nach kommen Kräftigungsübungen hinzu, bei denen man die Muskeln aktiv bewegt (dynamische Übungen). Nach etwa vier Wochen kann mit Übungen begonnen werden, bei denen die Muskeln gegen Widerstände arbeiten müssen. Wichtig ist, sich von der Therapeutin oder dem Therapeuten zeigen zu lassen, wie man die verschiedenen Übungen richtig ausführt und dabei den vorgegebenen Bewegungsumfang beachtet. Übungen aus dem sogenannten neuromuskulären Training können helfen, die Stabilität und (unbewusste) Steuerung der Kniebewegungen zu fördern, was für viele Alltagsaktivitäten hilfreich ist. Zu solchen Übungen gehören zum Beispiel Halteübungen auf einem Wackelbrett. Leichtes Radfahren auf einem Ergometer ist möglich, wenn das Knie ausreichend gebeugt werden kann. Mit dem Ergometer kann das Kniegelenk durchbewegt und die Muskulatur vor Übungen aufgewärmt werden. Wenn das Knie nach dem Training heiß und dick wird oder schmerzt, ist das ein Zeichen, dass es überfordert ist. Dann ist es sinnvoll, weniger intensiv zu üben. Bei stärkeren Beschwerden sollte man fachlichen Rat einholen.

Zweite Phase (etwa 3. bis 6. Monat)

Die zweite Reha-Phase beginnt, wenn die Ziele aus Phase 1 erreicht wurden und die Übungen schmerzfrei und korrekt ausgeführt werden können. Am Ende der zweiten Phase ist es oft möglich, mit Sport anzufangen und auch körperlich anstrengendere Tätigkeiten auszuüben. In Phase 2 wird weiter daran gearbeitet, die Beinmuskulatur zu stärken. Das Training enthält zunehmend anspruchsvollere Übungen, wie Ausfallschritte oder einbeinige Kniebeugen. Bei den Übungen erhöht sich zudem der Bewegungsumfang. Um die Maximalkraft zu verbessern, wird bei bestimmten Übungen der Widerstand erhöht. Das neuromuskuläre Training wird ebenfalls anspruchsvoller. In den letzten Wochen dieser Phase können sportspezifische Übungen eingebaut werden, wie zum Beispiel spezielle Sprung- oder Laufübungen.

Dritte Phase (nach dem 6. Monat)

In der letzten Phase steht ein spezielles Kraft-, Funktions- und Ausdauertraining im Vordergrund. Die Schwerpunkte, die dabei gesetzt werden, hängen von den individuellen Zielen und Problemen ab, die jemand hat. Wichtig ist: Bis der Umbauprozess der Ersatzsehne im Körper vollständig abgeschlossen ist, kann es zwölf Monate und länger dauern. Um neue Verletzungen zu vermeiden, ist es daher sinnvoll, erst nach Rücksprache mit den Therapeutinnen und Therapeuten wieder voll in den Leistungssport einzusteigen.

Im Rahmen dieser Arbeit werden die folgenden Trainingsprinzipien berücksichtigt:

1. Prinzip der Homöostase

2. Prinzip des trainingswirksamen Reizes

3. Prinzip der progressiven Belastungssteigerung, erst Umfangerhöhung dann Intensität

4. Prinzip der Kontinuität

5. Prinzip der Variabilität

6. Prinzip der Entwicklungsgemäßheit

7. Prinzip der Altersgemäßheit

8. Prinzip der Individualität

9. Prinzip der optimalen Relation von Belastung und Entlastung

10. Superkompensation

Die Intensitätssteigerung im Training sollte nach und nach erhöht werden, da sich verschiedene Gewebearten unterschiedlich schnell anpassen. Die Intensitätssteigerung sollte an der Adaptionsgeschwindigkeit des langsamsten Gewebes, also den Sehnen und Bändern, angepasst werden. Dafür ist jedoch längeres Training mit einer Regelmäßigkeit Voraussetzung. Hier werden vor allem die Prinzipien der progressiven Belastungssteigerung und der Kontinuität berücksichtigt. Eine Bewegungsausführung sollte beherrscht werden bevor sie mit hohen Gewichten ausgeführt wird, denn falsche Ausführung und Fehlhaltung kann zu Verletzungen führen. Es gilt auf folgendes zu achten: Vom Einfachen zum Komplexen, vom Leichten zum Schweren und vom Bekannten zum Unbekannten. Diese Regeln gelten auch prinzipiell für den Aufbau einer allgemeinen Trainingseinheit. Jedes Training sollte ganzheitliches sein, welches die Komponenten, Koordination, Kraft, Ausdauer und Beweglichkeit enthalten. Da mit zunehmender Muskelermüdung, Koordination und Konzentration nachlassen.

2.12 Zielsetzung

Im Eingangsgespräch wurde darüber gesprochen, die allgemeine Fitness dem eines guten Freizeitsportlers wiederaufzubauen. Volle Belastbarkeit für Beruf und Alltag wiederherzustellen. Hier gilt es stets zu beachten, Überlastung und Überforderung zu vermeiden. Die Hauptziele sehen wie folgt aus:

- Ausgleich Kraftdefizit rechtes Bein,
- Stärkung des verletzten Beines,
- Kraftdefizit zum gesunden Bein ausgleichen
- Volle Belastbarkeit in Beruf und Alltag
- Ausgangssituation vom Gleichgewicht

Als Grobziel für die 3 Monate legen wir gemeinsam fest, dass sich das Kraftdefizit ausgleichen soll. Teilziel hierfür ist in 4 Wochen eine Verbesserung um die Kraft des rechten Beines um 10%.

Als Feinziel legen wir nach jedem Training fest, die Bewegungsausführung sollte sich qualitativ bei jeder Trainingseinheit verbessern. Das Gefühl von Unsicherheit sollte nach den Trainingseinheiten besser sein.

2.13 Trainingsplanung

Nikita hat Phase 1 und 2 bereits absolviert und ihre Heilbehandlungen, incl. Krankengymnastik abgeschlossen. Ihr rechtes Bein weist immer noch ein Kraftdefizit von 20 % auf. Daher empfiehlt ihr Arzt ein Muskelaufbautraining.

Trainingsparameter	Mesozyklus 1	Mesozyklus 2	Mesozyklus 3
Dauer	4 Wochen	4 Wochen	4 Wochen
Methode	Hypertrophietraining Fortgeschrittene 1	Hypertrophietraining Fortgeschrittene 2	Maximalkrafttraining
Wiederholungen	8 - 15	6 - 9	1 - 6
Intensität	60 - 80%	70 - 80 %	80 - 100 %
Sätze	3 - 5	3 - 5	4 - 8
Training pro Woche	2 - 3	2 - 3	2
Anzahl der Übungen	7	7	7

2.14 Übungsauswahl und Ausführung:

Ich beobachte die Kundin auf dem Crosstrainer um zu sehen, ob die Bewegungen ordentlich ausgeführt werden oder gar Fehler dabei gemacht werden, um diese gegebenenfalls zu korrigieren. Dabei achte ich auch auf Ihre Haltung und kann ihr das erste positive Feedback geben. Im Anschluss gehen wir gemeinsam ihren Trainingsplan durch. Ich händige Nikita den ersten Plan des Mesozyklus 1 aus. Zu jeder Übung erkläre ich ihr wie die Übung heißt, wofür diese Übung gut ist und welche Muskeln diese Übung ansprechen soll. Fachbegriffe werden hierbei vermieden, so dass sie alles versteht. Ich fordere sie auf, mir zu sagen, wenn sie etwas nicht versteht oder Fragen dazu hat. Ich führe jede Übung vor und erkläre, wobei es hier im Wesentlichen ankommt. Dabei gehe ich auch auf die Atmung und die Bewegungsgeschwindigkeit ein. Danach lasse ich Nikita die Übungen selbst machen und greife, wenn nötig korrigierend ein. Wichtig ist dabei auch ein Lob auszusprechen, wenn sie eine Ausführung gut macht. Nach jeder Übung frage ich Nikita ob sie sich mit dieser Übung wohl fühlt.

2.15 Übungen:

Aufwärmen Crosstrainer 15 Minuten,

Einbeinig auf instabilem Grund stehen, Balance Pad

1 Ausfallschritte

A - Die Füße hüftbreit platzieren. Aufrechtstehend den Rumpf aktivieren, indem Sie den Bauchnabel einziehen. Die Füße hüftbreit platzieren.

B - Mit rechts einen weiten Schritt nach vorn machen, dann das rechte Knie so weit beugen, dass der Oberschenkel waagerecht steht und das linke Knie fast den Boden berührt. Die linke Ferse löst sich dabei vom Boden. Zurück in die Startposition drücken, dann einen Schritt mit links machen und wechselweise fortfahren. Den Oberkörper stets aufrecht halten.

2 Ausfallschritte mit Drehung

A - Hüftbreit hinstellen, die Arme auf Schulterhöhe nach vorn strecken und Rumpfspannung aufbauen.

B - Mit rechts einen großen Schritt nach vorn machen, sodass der rechte Oberschenkel waagerechtsteht. Das rechte Knie zeigt in dieselbe Richtung wie der Fuß und steht über ihm. Gleichzeitig den Rumpf nach rechts drehen, die gestreckten Armen folgen passiv. Die Spannung hält, dann zurückdrehen und hoch in den aufrechten Stand. Die nächste Wiederholung mit links ausführe und in der Folge wechselweise fortfahren.

3 Kniebeugen mit den Armen hinter dem Kopf

A - Schulterbreit hinstellen und die Handflächen locker an den Hinterkopf legen. Die Brust rausstreckt und die Schulterblätter zusammenziehen, sodass die Ellenbogen zu den Seiten zeigen.

B - Das Gesäß zurückschieben und die Knie beugen, bis die Oberschenkel etwa waagerecht sind. Die Knie tendenziell nach außen drücken, damit sie nicht nach innen wandern. Die Fersen bleiben auf dem Boden, der Rücken ist gerade und der Oberkörper so aufrecht wie möglich – dazu auch unten die Brust öffnen.

4 Ausfallschritte zur Seite

A - Schulterbreit hinstellen, die Hände zu Fäusten geballt vor der Brust halten und den Rumpf anspannen.

B - Zunächst das Gewicht leicht auf das rechte Bein verlagern, dann mit links einen weiten Schritt zur Seite machen. Den linken Fuß aufsetzen und das linke Knie tiefbeugen. Dabei das Gesäß nach hinten schieben und den Oberkörper gerade vorneigen. Das rechte Bein ist gestreckt. Kurzhalten, dann zurück in die Ausgangsposition und das Gleiche mit rechts zur rechten Seite ausführen. Danach wechselweise fortfahren.

5 Handtuch-Tritte

A - Mit beiden Händen ein großes, längs zusammengelegten Handtuches greifen und den rechten Fuß mittig mit der Sohle darin platzieren. Halten Sie das Standbein durchgehend ganz leicht gebeugt. Die Enden des Handtuchs anziehen, sodass Ihre Arme angewinkelt sind und der rechte Oberschenkel etwa waagerecht steht.

B - Mit dem rechten Unterschenkel kräftig nach vorn treten, dabei das Bein strecken. Das gestreckte Bein absenkt, ohne es abzustellen. Dann wieder in die Ausgangsposition hochziehen und die nächste Wiederholung anschließen. Versuchen Sie, die ganze Zeit das Gleichgewicht zu halten, im nächsten Satz Seitenwechsel.

Abwärmen:

Blackroll, Dehnen, Spaziergang oder Crosstrainer 15 Minuten.

2.16 Erklärung für die Übungsauswahl für die Rehabilitation

Da der Arzt Muskelaufbau empfohlen hat und die Kundin sie bis zu ihrer Verletzung aktiv im Training war, des Weiteren bereits Kraftausdauer in der Reha absolviert hat, können wir mit einem Krafttraining für Fortgeschrittenen beginnen. Die Kundin Körper ist trainiert, da sie bis zu ihrer Verletzung aktiv Sport betrieben hat. Daher kann sie auch Übungen für andere Muskelpartien jetzt mit dem Hypertrophie Training für Fortgeschrittene starten. Beim Training gilt es kontraindizierte Übungen zu vermeiden. Diese sind nach einer Knieverletzung Rotationen im Kniegelenk, Scherkraftbelastungen, Kniebeugen über 90 Grad und Sprünge auf hartem Grund. Bei Ausfallschritten ist der Winkel zu beachten, nicht mehr als 90 Grad anwinkeln. Knie dürfen auf dem Crosstrainer nicht vollständig durchgedrückt werden. Es wird nicht nur das Knie oder rechte Bein trainiert, denn auch andere Muskelgruppen übernehmen wichtige Halte-, Schutz- und Stützfunktionen für den Körper. Für Kundin Reha wurden folgende Übungen ausgewählt:

- Einbeinig auf instabilem Grund (Airex Pad oder aufgerollte Gymnastikmatte)
- Ausfallschritte mit Drehung
- Kniebeuge und Ausfallschritt
- Handtuch-Tritte
- Kniebeugen mit den Armen hinter dem Kopf

Variationsmöglichkeiten: Kniebeugen auf Zehenspitzen mit Schulterdrücken, mit Gewichten arbeiten oder Füße auf instabilen Grund stellen (Airex Pad oder andere wackelige Unterlage).

Der Ausfallschritt kann statisch oder dynamisch ausgeführt werde, Hanteln können zusätzlich die Übung erschweren. Grund: Eine enorm effektive Übung, denn es werden viele Muskeln gleichzeitig gestärkt:

- Quadrizeps,
- großer Gesäßmuskel,
- Adduktoren,
- Schollenmuskel,
- Beinbeuger,
- Zwillingswadenmuskel und die ischiocrurale Gruppe.

2.17 Evaluation

Zur Evaluation gehören alle Tests, die beim Eingangsgespräch gemacht wurden um die Trainingsentwicklung zu sehen. Der Trainingszyklus wird transparent und Trainingserfolge lassen sich bewerten. Die gewonnenen Daten erlauben Rückschlüsse auf die weitere Trainingsplanung (Re - Test ist der neue Eingangstest) und zeigen der Kundin ihre Fortschritte. In Nikitas Fall erfolgte nach jedem Mesozyklus eine Analyse der Trainingsfortschritte, um zu gewährleisten, dass wir uns auf dem richtigen Weg befinden, gegebenenfalls kontrollierend in die Trainingsplanung eingreifen können. Nach jedem Mesozyklus kontrollierten wir Wohlbefinden, Schmerzskala, die Wiederholungszahlen und das Körpergewicht. Erst am Ende der Trainingsperiode (12 Wochen) wiederholten wir die Eingangstests für Kraft und Beweglichkeit, sowie die Körperfettmessung. Da dies aller 4 Wochen ein sehr großer Aufwand gewesen wäre und die Erfolge nach 4 Wochen minimal sind, haben wir uns gemeinsam für einen Re - Test nach Ende des Makrozyklus (12 Wochen) entschieden. Nikita fühlt sich sehr wohl mit ihrem Trainingsplan und konnte die Wiederholungszahlen erhöhen. Sie fühlt sich gut und bedeutend sicherer, insgesamt fühlt sie sich fitter und beweglicher als vor Trainingsbeginn. Die Trainingsplanung war ein voller Erfolg, da das Kraftdefizit beseitigt wurde, Nikita wieder Fit für Beruf und Alltag ist und ihre Unsicherheit beseitigt wurde. Durchhaltevermögen und Motivation des Trainierenden spielen hier eine ganz große Rolle.

3. Fallbeispiel 2 Coxarthrose ab Phase 3

3.1 Krankheitsbild Coxarthrose (Hüftarthrose)

Bei einer Hüftarthrose wird die schützende Knorpelschicht der Knochen im Hüftgelenk dünner. Dadurch steigt die Druckbelastung der Knochen, und mit der Zeit lässt die Beweglichkeit des Gelenks nach. Das erste Anzeichen für eine Hüftarthrose sind oft Schmerzen im Hüft- und Leistenbereich bei Bewegung – vor allem, wenn man über 45 Jahre alt ist. Eine Hüftarthrose kann sehr unterschiedlich verlaufen. Viele Menschen haben über lange Zeit nur leichte Beschwerden, mit denen sie gut zurechtkommen. Manchmal schreitet die Erkrankung aber auch schnell voran und kann die Lebensqualität erheblich beeinträchtigen. Die wichtigsten Behandlungen bei Hüftarthrose sind Bewegung und Physiotherapie, entzündungshemmende Schmerzmittel und – bei starkem Übergewicht – eine Gewichtsabnahme. Wenn eine Hüftarthrose fortschreitet und zu immer mehr und stärkeren Schmerzen, Schlafproblemen und Einschränkungen im Alltag führt, kommt ein Gelenkersatz infrage.

3.2 Symptome

Eine Hüftarthrose beginnt in der Regel schleichend, über mehrere Monate oder sogar Jahre. Zunächst schmerzt das Gelenk oft nur bei Belastung oder auch am Ende eines anstrengenden Tages. Typisch sind Schmerzen beim Gehen und Treppensteigen, außerdem beim Bewegen des (angezogenen) Oberschenkels nach innen – zum Beispiel beim Übereinanderschlagen der Beine. Die Schmerzen können selten aber auch ins Gesäß oder zur Innenseite des Oberschenkels, manchmal sogar bis ins Knie ausstrahlen. Nach längerer Ruhepause kann sich das Hüftgelenk für bis zu 30 Minuten etwas steif anfühlen, zum Beispiel morgens. Länger andauernde Morgensteifigkeit spricht eher für eine andere Erkrankung, wie zum Beispiel eine rheumatische Gelenkentzündung. Wenn die Hüfte auch in Ruhe oder nachts schmerzt, ist die Arthrose meist schon fortgeschritten. Veränderungen am Knochen und Verformungen des Hüftkopfs können die Beweglichkeit einschränken und zum Beispiel das Anziehen von Strümpfen oder die Fußpflege erheblich erschweren. Wenn die Arthrose fortschreitet, kann sie zu starken Einschränkungen im Beruf, bei der Haushaltsführung, bei Freizeitaktivitäten und im Sozialleben führen. Diese Alltagsfolgen sind bei einer Hüftarthrose oft die größte Belastung.

Wie viele Menschen in Deutschland eine Hüftarthrose haben, ist nicht genau bekannt. Nach Schätzungen aus anderen Ländern haben bis zu 20 % der Menschen über 50 Jahre auf Röntgenbildern sichtbare Anzeichen einer Hüftarthrose. Aber nur 5 % der Menschen über 50 haben auch Beschwerden. Frauen sind häufiger betroffen als Männer.

3.3 Diagnose

Häufig kann die Ärztin oder der Arzt eine Hüftarthrose anhand von typischen Symptomen feststellen. Dazu fragt sie oder er, seit wann die Schmerzen bestehen, wie sie sich anfühlen und wann sie auftreten – zum Beispiel nur bei Bewegung oder auch in Ruhe. Typisch ist der sogenannte Anlaufschmerz, der nach längeren Bewegungspausen auftritt und durch Bewegung schnell verschwindet. Auch nach weiteren Beschwerden wie Morgensteifigkeit sowie nach früheren Verletzungen wird gefragt. Die Ärztin oder der Arzt tastet dann das Gelenk ab und untersucht, wie beweglich es ist, betrachtet den Gang und prüft, ob das Becken schief steht oder die Beine eine unterschiedliche Länge haben. Durch eine Röntgenuntersuchung im Stehen werden typische Veränderungen sichtbar: So deutet ein schmaler Gelenkspalt auf eine Arthrose hin. Zudem kann das Röntgenbild Veränderungen am Knochengewebe zeigen, wie zum Beispiel Osteophyten, Knochenverhärtungen und Verformungen des Hüftkopfs. Nur selten ist zusätzlich ein Ultraschall, eine Computertomografie oder Magnetresonanztomografie nötig.

Wenn der Verdacht auf eine andere Erkrankung wie etwa rheumatoide Arthritis besteht, können weitere Untersuchungen wie die Bestimmung von Blutwerten sinnvoll sein. Mögliche Anzeichen für eine andere Erkrankung sind zum Beispiel Rötungen, Schwellungen, Kribbeln oder Taubheitsgefühle.

3.4 Behandlung

Wie eine Hüftarthrose behandelt wird, hängt vor allem davon ab, wie stark und belastend die Beschwerden sind. Das Stadium der Erkrankung, der sonstige Gesundheitszustand und persönliche Aspekte wie der Beruf und die Erwartungen an die Behandlung spielen ebenfalls eine Rolle. Die Wirksamkeit vieler Methoden zur Behandlung von Hüftarthrose ist bisher nur unzureichend untersucht – im Gegensatz zu Behandlungen bei Kniearthrose. Daher orientiert sich die Behandlung teilweise an Methoden, die bei Kniearthrose nachweislich helfen können.

3.5 Intensität und Effekte von Krafttraining bei Älteren

Altern ist nicht zwangsläufig mit Krankheiten verbunden. Dennoch gibt es eine Reihe von Alterskrankheiten, die teilweise aber auch schon junge Erwachsene treffen können. Zu den Alterskrankheiten zählen:

- Erkrankungen der Gehirngefäße (Schlaganfall)

- Diabetes mellitus Typ II

- Osteoporose

- Arthrose

- Krebs

- Herzkreislauf Erkrankungen (Herzschwäche, Herzinsuffizienz, Herzinfarkt, Angina pectore)

Eine gesunde Lebensweise (Ernährung, wenig Stress), Bewegung und Zeit für Entspannung sind die beste Möglichkeit diese zu verhindern. Doch zum Rahmen der Altersprophylaxe gehört auch die individuelle medizinische Prävention / Vorsorgeuntersuchungen ab dem mittleren Erwachsenenalter. Krafttraining hat viele positive Wirkungen. Die Bedeutung der Kraftfähigkeit, insbesondere bei Älteren, zur Vorbeugung von altersspezifischen Krankheiten wie z.B. Osteoporose, Sarkopenie oder auch Diabetes und Herzkreislaufkrankheiten, begründet sich vor allem durch die folgenden Effekte:

- Steigerung der Kraftfähigkeit und Ökonomisierung der Muskelarbeit

- Reduzierung muskulärer Defizite und Dysbalancen

- Vorbeugung eines altersbedingten Kraftverlusts

- Erhöhung der Knochendichte und der Knochenelastizität

- Verbesserung der Gelenkbeweglichkeit

- Kräftigung des Sehnens und Bänder

- Gelenkschutz durch Kräftigung der Muskelmanschette und Beseitigung von Haltungsschwächen

- Vorbeugung vor Erkrankungen der Bandscheibe

- Erhöhung der Körperwahrnehmung

- Steigerung des muskulären Zusammenspiels

- Prävention von Stürzen und Verletzungen

Gemäß einer Studie von älteren Probanden die 2 bis 3 Mal pro Woche ein 20-30-minütiges Krafttraining absolviert haben, ergaben sich positive Effekte auf Risikofaktoren für Herz-Kreislauf-Erkrankungen, Krebs, Diabetes und Osteoporose. Ein progressive Krafttraining dient zur Behandlung der Sarkopenie. Bei 2 bis 3 Trainingseinheiten pro Woche resultiert daraus eine deutliche Steigerung der Muskelkraft, eine höhere Leistungsfähigkeit für das Aufstehen aus einer sitzenden Position und eine subjektiv höhere Mobilität. Ferner ließen sich eine höhere Ausdauerleistungsfähigkeit und eine Reduktion der Ruheherzfrequenz belegen. Eine Erhöhung des Muskelvolumens kann nach einer Trainingsphase von 6 – 9 Wochen nachgewiesen werden. Belegt ist eine Zunahme des Muskelquerschnitts von rund 10 % unter Beteiligung von Typ I und Typ II Fasern. Besonders in den ersten Wochen ist ein schneller Kraftanstieg zu verzeichnen.

Um die oben genannten Effekte zu erreichen, sollten Senioren regelmäßig, das heißt zwei bis drei Mal pro Woche, ein Gerätetraining mit mindestens 60 % der maximalen Muskelleistung anstreben. Wer sich noch stärker anstrengt, könne auch im Rentenalter noch eine Leistungssteigerung von bis zu 100 % erzielen, sagt der Sportwissenschaftler Prof. Albert Gollhofer von der Uni Freiburg. Und er zitiert eine schwedische Studie. „Der zufolge haben Menschen, die ihr Sport-Programm auch im späten Lebensabschnitt beibehalten, eine höhere Lebenserwartung als sportlich inaktive Zeitgenossen: Fitte Senioren werden im Schnitt 3,5 Jahre älter als Trainings-Muffel.

3.6 Das 5-Stufen-Modell im Muskeltraining

Das aus der Fitnesstrainer B-Lizenz bekannte 5-Stufen-Modell der Trainingssteuerung mit den 5 Stufen Diagnose, Zielsetzung, Trainingsplanung, Trainingsdurchführung & Analyse beinhaltet die gezielte Veränderung eines IST-Zustandes in einen angestrebten SOLL-Zustand. Die Steuerung wird eingesetzt um

- den Trainingserfolg zu optimieren.

- Überlastungen / Übertraining zu vermeiden sowie daraus resultierende Verletzungen

- eine Trainingsmonotonie zu vermeiden

Die Gliederung der 5 Stufen stellt sowohl eine hierarchische als auch eine zeitliche Ordnung dar. Es muss nicht jede Stufe bis zum Ende durchlaufen sein. Die einzelnen Stufen können sich – je nach gesundheitlichem Zustand – auch überschneiden. Jedoch sollte der / die Fachtrainer / in dafür Sorge tragen, dass gemäß dem Prinzip der progressiven Belastungssteigerung die Abfolge der einzelnen Stufen beibehalten wird. Ohne eine vorangestellte Therapie setzt der ältere Studiokunde meistens bei Stufe 2 an.

3.7 Gesundheitssportkonzepte

Es gibt verschiedene Gesundheitssportkonzepte. Die Kosten bewegen sich zwischen dem selbst finanzierten Gesundheitssport bis hin zu kompletter Kostenübernahme durch die Krankenkasse und Renten- und Unfallversicherungsträger.

3.8 Diagnose / Anamnese

Für den weiteren Verlauf dieser Arbeit beziehen sich alle personenbezogenen Daten auf die folgende Person: Christian 66Jahre, Hobbysportler.

In der Allgemeinanamnese werden die persönlichen Daten des Kunden aufgenommen.

- Nachname: Mustermann

- Vorname: Christian

- Geburtsdatum: 15.03.1954

- Alter: 66 Jahre

- Geschlecht: männlich

Christian hat keine Fitnessstudio Erfahrung. Er geht gelegentlich schwimmen und fährt mit dem Fahrrad zum Einkaufen. Regelmäßigen Sport hat er zuletzt bis vor 8 Jahren betrieben. 1x / Woche hat sie an einem Wassergymnastikkurs teilgenommen. Christian ist Rentner. Somit fühlt er sich in keiner Weise psychisch belastet, er fühlt sich nicht gestresst. Christian pflegt gerne ihren eigenen Garten und das Haus. Somit ist regelmäßige Bewegung in seinem Alltag integriert. Die letzte ärztliche Routineuntersuchung fand vor 2 Monaten statt. Christian hat mit ihrem Arzt über das geplante Krafttraining im Fitnessstudio gesprochen, welches er sehr befürwortet hat.

3.9 Gesundheitsanamnese / Medikamente

In der Gesundheitsanamnese wird das zurzeit bestehende Krankheitsbild und auch andere eventuelle Beschwerdebilder erfasst. Sie ist mit dem wichtigsten Teil der Eingangsdiagnostik.

3.10 Diagnose:

Vor 5 Jahren wurde Hüftarthrose diagnostiziert. Christian hat einen leicht erhöhten Blutdruck. 6 Jahre hat er gegen erhöhten Blutdruck Betablocker genommen, diese aber vor 2 Jahren abgesetzt. Seitdem hat er nur noch einen leicht erhöhten Blutdruck. Gesundheitliche Beschwerden, welche ihn im Lebensstil einschränken, hat er nicht. Christian fühlt sich für ihr Alter relativ fit. Durch den Sport erhofft er sich, dass gelegentliche Nackenverspannungen verschwinden. Zurzeit nimmt er keine regelmäßigen Medikamente.

3.11 Abklärung möglicher Kontraindikationen

Kontraindikationen sind Gegenanzeigen oder Ausschlussgründe. Es gibt eine Reihe von Kontraindikationen, unterteilt in absolute und relative Kontraindikationen, die gegen eine Trainingsdurchführung sprechen. Diese führe ich nicht im Einzelnen alle auf. Bei Christian liegen keine zu erkennenden Kontraindikationen für ein Training im Fitnessstudio vor. Der behandelnde Hausarzt hat seine Zustimmung für ein Training gegeben. Kontraindikationen sollten unbedingt beachtet werden, um eine Überforderung, Überbelastungen oder gar Notfälle zu verhindern. Ältere Herz-Kreislauf-Patienten sollten im Zweifel immer erst zu einer sportmedizinischen Untersuchung geschickt werden.

3.12 Tests

Gleiche Testverfahren wie in Fallbeispiel 1 außer das im Seniorenfitness der Trainer einschätzen können muss inwieweit bestimmte Tests durchgeführt werden können, da die Kunden zum Teil nicht voll belastbar sind. Im Rahmen der motorischen Tests werden Kraft, Ausdauer, Beweglichkeit und Koordination mit verschiedenen Muskelfunktionstests getestet. Senioren oder auch Personen mit Krankheitsbildern sind möglicherweise nicht bei allen Tests voll belastbar. Hier liegt es in der Verantwortung des Trainers den Testumfang richtig einzuschätzen. Ziel des Tests ist die Erfassung von Muskelschwächen und Beweglichkeitsdefiziten. Das Testverfahren ist relativ einfach. Als Hilfsmittel ist lediglich ein Stuhl erforderlich. Allerdings ist darauf zu achten, dass die Tests bzw. Re-Tests unter standardisierten Bedingungen durchgeführt werden. Im Rahmen der motorischen Tests werden Kraft, Ausdauer, Beweglichkeit und Koordination mit verschiedenen Muskelfunktionstests getestet. Senioren oder auch Personen mit Krankheitsbildern sind möglicherweise nicht bei allen Tests voll belastbar. Nachdem wir die biometrischen Daten des Kunden ermittelt haben, wird ein Beweglichkeitstest durchgeführt, um eventuelle Muskelverkürzungen festzustellen. Es werden nur die Hauptmuskeln getestet.

Bei der Testmethodik sind folgende Punkte zu beachten:

– Es darf nie über zwei Gelenke getestet werden

– Vor Beginn des zu testenden Muskels sollten benachbarte Körperpartien ausreichend fixiert sein

– Die Testbewegung sollte immer gleichmäßig und ohne jeglichen Schwung ausgeführt werden

– Der Druck sollte immer von gleicher Stärke und konstant gegen den Bewegungsablauf ausgeführt werden

– Die Testbedingungen sollten bei jedem Test die gleichen sein und möglichst vom selben Trainer durchgeführt werden.

Folgende Muskelgruppen werden manuell getestet:

Hüftbeugemuskulatur (speziell M. Iliopsoas)

Kniestreckmuskulatur (speziell M. Rectus femoris)

Kniebeugemuskulatur (speziell M. Ischiocrurales)

1. Testung der Hüftbeugemuskulatur

Testausführung: Der Kunde setzt sich auf den Rand der Behandlungsliege. Nun zieht er ein Bein an den Körper ran, legt sich in Rückenlage auf die Behandlungsliege und lässt das nicht fixierte Bein am Rand hängen.

Testauswertung:
+ 10-15° unter der Körperachse

o 0° zur Körperachse

- mehr als 0° über der Körperachse

2. Testung der Kniestreckmuskulatur

Testausführung: Der Kunde positioniert sich in Bauchlage auf der Behandlungsliege und führt seine Ferse Richtung Gesäß. Der Trainer übt leichten Druck auf das Bein aus.

Testauswertung:
+ < 90° Kniegelenkwinkel

o 90° Kniegelenkwinkel

- > 90° Kniegelenkwinkel

3. Testung der Kniebeugemuskulatur:

Testausführung: Der Kunde liegt in Rückenlage komplett auf der Behandlungsliege. Nun wird das gestreckte Bein in die maximale Hüftbeugung geführt.

Testauswertung:
+ 90° Hüftbeugewinkel

o ca. 70-80° Hüftbeugewinkel

- < 70° Hüftbeugewinkel

Auswertung:	+ o -
Hüftbeugemuskulatur	-
Kniestreckmuskulatur	0
Kniebeugemuskulatur	-

Nur die Hüftbeugemuskulatur ist als leicht verkürzt zu bewerten.

Haltungsanalyse

Im Rahmen der Haltungsanalyse macht der Trainer sich ein Bild ob der Körper mögliche Asymmetrien wie z.B. Kopfschiefhaltungen, einseitiger Schulter-, Becke hochstand oder Wirbelsäulendeformitäten aufweist.

Ergebnis:

- Schulterachse rechts leichtfallend

- Beckenachse rechts leichtfallend

- minimale x-Bein Stellung

- Füße leicht innenrotiert

Unter Begutachtung der verschiedenen Testergebnisse der Motorik Tests, des Beweglichkeit und der Haltungsanalyse spricht nichts gegen die Ausübung von einem altersspezifischen Fitnesstraining. Ein indikationsspezifisches Training wird Christian viele Vorteile bringen und dazu beitragen, dass die unter genannten Effekten zum Tragen kommen. Dafür muss das Training kontinuierlich und spezifisch erfolgen sowie vielseitig und zyklisch aufgebaut sein.

3.13 Ziele

Anhand der ermittelten Diagnosedaten, dem ärztlichen Befund und dem persönlichen Gespräch kann der Trainer sich ein Gesamtbild von Christian machen. Zusammen mit ihn werden die Ziele für das Training festgelegt. Hier werden die Ziele und Motive des Kunden mit der Diagnose abgeglichen und eventuelle unrealistische Ziele behutsam durch den Trainer korrigiert. Insbesondere bei Krankheitsbildern oder in der Rehabilitation kommt der realistischen Zielsetzung eine bedeutende Rolle zu. Ein Trainer darf seinen Kunden / Kundin niemals in den Glauben versetzen, dass die Schmerzen oder Krankheiten so schnell wie möglich verschwunden sind und die volle Leistungsfähigkeit an der besten schon nächsten Woche wieder erreicht ist. Hier gilt es professionell und vor allem realistisch zu handeln.

Die Zieldefinition lautet: Ziel = Inhalt + Ausmaß + Zeit

Inhalt = was will ich erreichen

Ausmaß = Wie viel will ich erreichen?

Zeit = in welcher Zeit will ich das Ziel erreichen?

Im Rahmen der indikationsspezifischen Zielsetzung bei Christian legen wir folgende Ziele und Inhalte fest:

- Verbesserung / Verdichtung der Knochenmasse

- Kraftzuwachs

- Muskelmassenaufbau

- Reduzierung der Sturzgefahr

- Förderung der allg. Beweglichkeit

- Verbesserung der Alltagsmotorik

Als oberstes / übergeordnetes Hauptziel definieren wir den Kraftzuwachs und den Muskelaufbau. Bei regelmäßigem Training gehen wir davon aus, dass Christian die definierten Ziele in den nächsten 6 Monaten erreichen kann bzw. Erfolge verbuchen kann. Um die Ziele messbar zu machen, definieren wir als Teilziele Zwischenwerte zwischen dem Messwert und dem Normalwert beim Muskelanteil. Christian hat einen Muskelanteil von 23 %, der Normalwert in ihrer Alterskasse liegt bei 28-33 %.

Den ersten Re-Test sollte Christian nach 3 Monaten machen um dort messbare Erfolge im Muskelanteil, beim Blutdruckwert, beim Körperfettanteil und auch beim Krafttest im Rahmen der ILB Methode sehen zu können.

Die Teilziele lauten:

- Muskelanteil steigern auf 25 % in 3 Monaten

- Blutdruckwerte senken auf 135 / 85 in 3 Monaten

- Kraftsteigerung gemäß der ILB Methode in 3 Monaten

- Gangsicherheit auf dem Laufband

Wünsche von Christian:

Abnehmen, fitter werden / etwas für die Gesundheit tun. Als Teilziel, nach 3 Monaten, ist es realistisch ein Gewichtsverlust von 3 Kilo anzustreben. Diese beiden realistischen und messbaren Ziele, definiert aus den subjektiv geprägten Aussagen der Kunde sind bei regelmäßigem Training durchaus realistisch

3.14 Trainingsprinzipien

In diesem Kapitel möchte ich kurz auf die 7 Prinzipien der Trainingslehre eingehen und sie in Bezug auf der Trainingsplanung nach der ILB erläutern:

Prinzip des trainingswirksamen Reizes. Der Trainingsreiz muss stark genug sein um das biologische Gleichgewicht zu stören damit eine Anpassung stattfindet. Mit dem individuellen Krafttest ermittelt der Trainer die reizwirksame Trainingsintensität.

Prinzip der Individualität und Altersgemäßheit Die Belastungsintensität wird mit Hilfe des Grobrasters an das jeweilige Leistungsniveau angepasst.

Prinzip der progressiven Belastungssteigerung. Es erfolgt alle 2 Wochen eine Steigerung der Intensität. Prinzip der Periodisierung und Zyklisierung Es erfolgt ein systematischer Wechsel der verschiedenen Trainingsmethoden

Prinzip der variierenden Belastung. Erst durch den Wechsel der Trainingsmethoden ändern sich die Belastungsparameter und eine Variation der Übungsauswahl ist ebenso möglich.

Prinzip der optimalen Relation zwischen Belastung und Erholung. Bis die Superkompensation eintritt, muss die notwendige Regenerationsphase abgewartet werden. Anpassungen benötigen Zeit, deshalb darf eine gewisse Trainingshäufigkeit nicht überschritten werden, ansonsten würde es zu einem Übertraining führen. Durch die zyklische Gestaltung des Trainings ist jedoch ein stetiger Wechsel von intensitätsorientierten Trainingsphasen gewährleistet. Dadurch erfahren die aktiven und passiven Strukturen des Bewegungssystems ihre optimale Erholung.

Prinzip der Dauerhaftigkeit und Kontinuität. Um eine Leistungssteigerung zu erfahren ist es von großer Bedeutung regelmäßig zu trainieren, ansonsten würde der Muskel wieder atrophieren, sich rückbilden oder auf demselben Stand bleiben. Aufgrund der sinnvollen Belastungsgestaltung nach der ILB Methode können mehrere Trainingseinheiten pro Woche absolviert werden. Dadurch setzt der Trainer optimale Reize ohne, dass eine Überbelastung eintritt.

3.15 Individuelle Trainingsplanung

Christians persönlicher Therapieplan enthält unterschiedliche Übungen, die Anpassungsreaktionen der passiven Gelenkstrukturen (Bänder, Sehnen, Knorpel, Knochen) und des aktiven Bewegungsapparats (Muskulatur) hervorrufen. Aufeinander aufbauend enthält dieser Therapieplan nacheinander Übungen zur Mobilisierung, Koordination, Kräftigung und Dehnung und Massage. Die Übungen sollten innerhalb der vorgegebenen Bewegungslimitierungen und nahezu schmerzfrei ausgeführt werden.

Mobilisation

Die Mobilisation dient dem Erhalt oder der Erweiterung des Bewegungsumfangs für ein Gelenk. Es können passive und aktive Übungstechniken, in einem angenehmen, schmerzfreien Bewegungsradius und in langsamer Ausführung eingesetzt werden.

Koordination

Koordinative Fähigkeiten sind notwendig, um einen optimalen Bewegungsablauf feinfühlig zu steuern sowie um Gelenkbeanspruchungen zu reduzieren. Diese spezielle Nerven Muskelfunktion kann durch konzentriertes Durchführen methodisch aufgebauter Übungsreihen erzielt werden.

Kräftigung

Um Kraftleistungen zu erhöhen, sollte eine Zunahme der Muskelmasse erreicht und das Zusammenspiel verschiedener Muskelgruppen verbessert werden. Durch Muskelanspannungen, welche die individuelle Reizschwelle überschreiten, können wirksame Trainingsreize gesetzt werden. drei Trainingseinheiten in der Woche sind ideal.

Dehnung

Durch Dehnübungen können Muskelverkürzungen beseitigt, Verspannungen gelöst und die Balance wiederhergestellt werden. Um risikoarm zu Dehnen, sollte aus einer angenehmen Position die Spannung langsam aufgebaut und die Schmerzgrenze sowie vorgegebene Bewegungslimitierungen beachtet werden.

Massage

Massagetechniken sind mechanische Reize auf Haut, Muskulatur und Bindegewebestrukturen. Durch schmerzfreie und angepasste Druck-, Zug- oder Dehnungsreize werden positive Effekte erzielt.

Methodik des Aufwärmens

Vor jeder Trainingseinheit sollte ein „Warm Up" stattfinden um folgende Faktoren zu erreichen.

Das Ziel des Aufwärmens ist:

1. eine Erhöhung der Körpertemperatur

2. Mobilisation des Herz-Kreislauf-Systems

3. Verletzungsprophylaxe

4. Psychische- und Physische Einstimmung – Motivation und Konzentration

Um die Konzentration und Motivation des Sportlers zu steigern, sollte vor jeder Aufwärmeinheit eine positive Einstellung zum Training stattfinden. Die Erhöhung der Körpertemperatur und die Mobilisierung des Herz-Kreislauf-Systems findet durch die Aktivierung der großen Muskelgruppen statt. Abhängig von der Trainingserfahrung sollte die Aufwärmzeit zwischen 5-10 Minuten betragen und die Herzfrequenz von 200-220 Schläge/Minute – Lebensalter (200-Lebensalter auf dem Fahrrad, 220-Lebensalter auf dem Laufband, Crosstrainer, Stepper usw.) eingehalten werden. Nach dem Allgemeinen Aufwärmen kommen wir zum speziellen Aufwärmen, dabei werden die später zu trainierenden Muskeln nochmal auf die Belastung vorbereitet. Man sollte 1-2 Sätze mit wenig Gewicht (ca. 50% des Trainingsgewichtes) durchführen, wodurch wir unter anderem ein koordinatives Zusammenspiel aller beteiligten Muskelgruppen trainieren.

Die Kunde hat Phase 1 ,2 und 3 bereits absolviert und seine Heilbehandlungen, incl.

Krankengymnastik abgeschlossen.

Trainingsparameter	Mesozyklus 1	Mesozyklus 2	Mesozyklus 3
Dauer	4 Wochen	4 Wochen	4 Wochen
Methode	Hypertrophietraining Fortgeschrittene 1	Hypertrophietraining Fortgeschrittene 2	Maximalkrafttraining
Wiederholungen	8 - 15	6 - 9	1 - 6
Intensität	60 - 80%	70 - 80 %	80 - 100 %
Sätze	3 - 5	3 - 5	4 - 8
Training pro Woche	2 - 3	2 - 3	2
Anzahl der Übungen	7	7	7

3.16 Übungsauswahl und Ausführung

Übung 1

Ausführung	Hinweis
Rückenlage einnehmen, Beine im rechten Winkel aufstellen	Lendenwirbelsäule am Boden halten
Unterschenkel langsam nach schräg oben strecken	
Anschließend Ausgangsposition wieder einnehmen	

Übung 2

Ausführung	Hinweis
Aufrechter Sitz auf dem Pezziball	Rücken gerade halten
Leichter Druck mit der Handfläche auf das gegenüberliegende Knie ausüben	
Bein gegen den wiederstand leicht anheben	
Position kurz halten, anschließend Ausgangsposition wieder einnehmen	

Übung 3

Ausführung	Hinweis
In Bauchlage auf den Pezziball liegen	Langsame Bewegungsausführung
Leweils Arm und Bein diagonal anheben	

Übung 4

Ausführung	Hinweis
Seitenlage einnehmen, Oberkörper auf dem Unterarm abstützen	Becken- und Rumpfachse stabil halten
Becken anheben	Position jeweils kurz halten
Anschließend Ausgangsposition wieder einnehmen	

Übung 5

Ausführung	Hinweis
Kniestand etwa Hüftbreit einnehmen	Oberkörper während der Ausführung nicht verdrehen
Oberkörper mit ausgestreckten Armen abwechselnd nach rechts und links neigen	

3.17 Auswertung des Trainingsprozesses

Nach einer gewissen Trainingszeit, in diesem Fall nach 3 Monaten, folgt die Evaluation, eine Auswertung des Training Prozesses -, als letzte Stufe der Trainingssteuerung. Der Test wird bewusst erst nach 3 Monaten durchgeführt, da der Zeitrahmen von 8 Wochen zu wenig ist um motivierende Erfolge sichtbar zu machen. Im Rahmen eine Re-Tests werden die Tests der Eingangsdiagnose wiederholt und verglichen, ein sehr wichtiger Prozess um den aktuellen IST-Zustand des Trainierenden zu ermitteln. Auch aus pädagogischer Sicht ist der Re-Test ein wichtiger Faktor, da dem Trainierenden hier Erfolge schwarz auf weiß vorgelegt werden. Eine bessere Motivationshilfe kann es in diesem Moment für den Trainierenden nicht geben, aber auch für das Studio ein Faktor der Kundenbindung.

3.18 Fazit

Das medizinische Training im Rehabilitationszentrum hat das Hauptziel, Menschen nach Verletzungen schnell wieder auf die Beine zu bringen. Durch die Ruhigstellung nach Operationen verliert der Mensch schnell an Muskelmasse. Deshalb ist es wichtig, mit den Rehabilitationsmaßnahmen schnellst möglich zu beginnen. Das Rehabilitation Zentrum kann auch zum präventiven Training genutzt werden. Hier habe ich jedoch festgestellt, dass das präventive Training genauso in einem gut ausgestatteten Fitnessstudio möglich ist. Man kann jedoch nur nochmal wiederholen, wie wichtig die Rolle des Therapeuten ist. An ihm liegt es, die individuellen Ziele und Probleme des Kunden zu berücksichtigen und dann einen gut strukturierten Trainingsplan zu erstellen. In Kapitel 6 wird außerdem noch die Ausstattung eines ambulanten Rehabilitationszentrums beschrieben. Im Unterschied zu Fitnessstudios gibt es hier häufig spezifischere Geräte, wobei der Trend in der Fitnessbranche auch in Richtung Gesundheitstraining geht und die Geräte in Fitnessstudios immer „medizinischer" werden.

Richtlinien für den Weg zurück zum Sport

1. Zu Beginn sind leichte Bewegungsübungen angeraten. Auch Fahrradfahren auf einem Heimtrainer/Ergometer kann unter Berücksichtigung der freien Bewegungsgrade recht zügig wieder aufgenommen werden. Voraussetzung ist aber eine fachgerechte Einweisung und die Erlaubnis von dem behandelnden medizinischen Personal.

2. Auf ebenen Strecken darf das Radfahren nach zirka zwei Monaten wieder aufgenommen werden. Dabei sollte beachtet werden, dass die Belastung für die neue Bandstruktur nicht zu hoch ist. Daher sollte bis drei Monaten nach der OP auf Fahrradstrecken mit Steigungen verzichtet werden.

3. In der Regel sollte in etwa vier Monate gewartet, bis man ein leichtes Lauftraining wieder aufnimmt.

4. Kontaktsport ist frühestens nach sechs Monaten angeraten.

Diese groben Richtlinien dienen lediglich als Anhaltspunkt für die Belastungssteigerung. Wie und wann die Intensität gesteigert werden kann, hängt vom individuellen Heilungsverlauf und der körperlichen Verfassung ab. Eine Einschätzung über die Belastungsfähigkeit geben der Arzt und der Physiotherapeut. Funktioniert die Abstimmung dieser beiden gut, steht einer zügigen Heilung nichts im Wege. Kraft- und Koordinationstraining für die Beinmuskulatur sollten anschließend dauerhaft in den Trainingsplan aufgenommen werden.

4 Literaturverzeichnis

[1] vgl.: http://webdoc.sub.gwdg.de/diss/2004/gropengiesser/gropengiesser.pdf, 18.03.05

[2] Vgl.: www.katharinenhospital.de , 06.11.04

[3] Eigenentwurf, siehe Textbeschreibung

[4] Röthig, P. (Hrsg.) (19926): Sportwissenschaftliches Lexikon, Schorndorf: Verlag Hofmann

[5] Barth, J. A.(1987): Sportmedizinische Grundlagen der Körpererziehung und des sportlichen Trainings, Johann Ambrosius Barth: Leipzig, S. 34

[6] Horn, H-G./Steinmann, H-J. (2001): Medizinisches Aufbautraining, München/Jena: Urban&Fischer Verlag, S.38

Kunz, M/ Koll, R./ Droste, S.: Medizinisches Aufbautraining- MAT. Grundlagen und praktische Anleitung für die Fortbildung. Gesundheits-Dialog Verlag GmbH, Oberhaching, 1995, S. 8

Medizinisches Aufbautraining- MAT. Grundlagen und praktische Anleitung für die Fortbildung. Gesundheits-Dialog Verlag GmbH, Oberhaching, 1995, S. 10-12

Mellerowicz, H.: Naturgesetzliche Grundlagen des Trainings, in: Hollmann, W. (Hrsg.) Zentrale Themen der Sportmedizin, Berlin/Heidelberg/New York/Tokio, Springer Verlag 1996, S.310-323

(vgl. Deutsches Ärzteblatt, Jg. 108, Heft 21, 27.Mai 2011)

(vgl. Training in der Therapie, Ingo Froböse, S. 240ff)

Akmann, Sascha – Diplom Sportwissenschaftler, Sozial Betriebswirt, Gesundheitsmanager,

Manager für neue medizinische Versorgungsformen, Lehrskript Fachtrainer / in für Senioren,

Lehrbrief der Academy of Sports, Backnang (2017)

Deutsches Ärzteblatt, Jg. 108, Heft 21, 27. Mai 2011

Eifler, Christoph – Diplom Sportlehrer, Prof. Dr., Lehrskript Fitnesstrainer / in B-Lizenz, Lehrbrief der BSA Akademie, Version rev 03.010.000, Saarbrücken (2015)

Ehrhardt, Dirk – Physiotherapeut. Praxishandbuch funktionelles Training – Physiofachbuch, Thieme Verlag, Stuttgart (2012), ISBN 978-3-13-162481-9

Fleck. Klasen, Riedel – alle Dr. med., die Ernährungsdocs, ZS Verlag GmbH (2016), ISBN 978-3-89883-561-9

Flöcker, Andrea, Abschlussarbeit Fitnesstrainer/in B-Lizenz bei der BSA Akademie, Hamburg

(2015)

Flöcker, Andrea, Abschlussarbeit Fachtrainer/in für Sportrehabilitation bei der Academy of Sports,

Hamburg (2016)

Freiberger, Ellen und Schöne, Daniel, Sturzprophylaxe im Alter, Deutscher Ärzte Verlag Köln,

ISBN 978-3-7691-0557-5

Froböse, Ingo und Wilke, Christiane, Training in der Therapie – Grundlagen, 4. Auflage, Urban &

Fischer Verlag, München (2015) ISBN 978-3-437-47562-7

Lehrskript Functional Training, Lehrbrief der Academy of Sports, Backnang (2016)

Mayer, Christine (Physiotherapeutin) & Siems, Werner (Facharzt für Biohemie), 100

Krankheitsbilder in der Physiotherapie, Springer Medizin Verlag, Heidelberg (2011),

ISBN 978-3-642-17266-3

Möck, Winfried, Rehasport – Verstehen, Umsetzten, erfolgreich sein, Buchner Verlag (2013)

ISBN 978-3-928763-11-0

Regelin, Winkler, Nieder, Brach, Fit bis ins hohe Alter (Kursmanual), Meyer & Meyer Verlag

(2016), ISBN 978-3-89899-725-6

Rühl, Jörn (Diplom Sportwissenschaftler) und Laubach, Vanessa (Sportwissenschaftlerin M.A.)

funktionelles Zirkeltraining, Das moderne Sensomotoriktraining für alle, Meyer & Meyer Verlag

(2015), ISBN 978-3-89899-664-8

Zwink, Steffen – Sportwissenschaftler, Lehrskript Fachtrainer für Sportrehabilitation, Lehrbrief der

Academy of Sports, Backnang (2015)